AF460803

DEUX

Lettres inédites

DE VOLTAIRE

NANCY

IMPRIMERIE BERGER-LEVRAULT ET Cie

11, RUE JEAN-LAMOUR, 11

—

1885

DEUX
LETTRES INÉDITES
DE VOLTAIRE

Les deux lettres que nous publions appartiennent à la collection d'autographes de la Bibliothèque de Nancy. La première se rattache à l'histoire des démêlés que Voltaire eut avec le clergé et en particulier avec les jésuites pendant son séjour à Colmar[1]. Il revenait de Potsdam, encore « mouillé du naufrage », inquiet, découragé, et restait en observation sur la frontière de France. Malgré ses prières, on ne

1. Il arriva à Colmar au commencement d'octobre 1753, et quitta cette ville le 11 novembre 1754. De ces treize mois, il faut retrancher les quelques semaines passées à Senones et à Plombières (du 8 juin au 28 juillet 1754).

l'autorisait pas à rentrer à Paris. La publication, sous son nom, d'un *Abrégé de l'Histoire universelle,* imprimé chez Jean Néaulme, à la Haye, avait encore compliqué sa situation. Il désavouait énergiquement cet ouvrage, où se rencontraient, à côté d'erreurs grossières, de dangereuses hardiesses; il le déclarait tronqué, falsifié, publié contre sa volonté, mais on persistait à le lui attribuer. S'il parvenait à convaincre d'Argenson de son innocence, les jésuites, qui avaient contre lui bien d'autres griefs, ne se laissaient pas aussi aisément persuader. Cet ordre jouissait, en Alsace, d'une grande influence; on était là « en terre papale[1] ». Ne venait-on pas, à l'instigation du Père Aubert, de brûler sur la place publique de Colmar le *Dictionnaire* de Bayle? Ce précédent n'était pas sans préoccuper Voltaire. Dans leurs propos, comme dans leurs sermons, les bons Pères ne le ménageaient pas. « Un missionnaire jésuite, nommé Menar, écrit-il à

1. Lettre au comte d'Argenson, 14 février 1754, nº 10,248. Édition Moland (Garnier).

d'Argenson[1], est venu prêcher à Colmar, et il s'est avisé de me désigner un peu fortement dans ses sermons, que je crois très édifiants, mais que je ne peux avoir la consolation d'entendre, parce que je suis au lit depuis trois mois. » Ce missionnaire avait dénoncé le livre de l'*Histoire universelle* au prince-évêque de Bâle, le fougueux « Porentru », dans le diocèse duquel se trouvait Colmar, et déjà le procureur général avait résolu de le déférer à son Parlement. Ainsi menacé, Voltaire crut devoir faire appel aux bons offices du Père de Menoux[2], jésuite, confesseur et prédicateur ordinaire de Stanislas, supérieur du séminaire des

1. C'est le texte de l'édition Garnier. Mais toutes les lettres qui précèdent et qui suivent me font croire qu'il faut lire : Mérat.

2. Joseph de Menoux était né en 1695 à Besançon, il mourut à Nancy en 1766. D'après le livre intitulé : *Bibliothecæ Societatis Jesu supplementa* (Rome, 1814), il a écrit les ouvrages ou opuscules suivants : *Heures du chrétien à l'usage des missions;* Nancy, 1741. *Notions philosophiques des vérités fondamentales de la religion;* Nancy, 1758. *Chanson sur le voyage de Mesdames de France à Plombières en 1761. Chanson à l'occasion d'une loterie. — Discours prononcé à la séance tenue à Lunéville, le* 21 *mars*

Missions fondé par ce prince pour la Lorraine, personnage considérable dans l'ordre,

1751. — *Discours prononcé en 1753 à la séance publique de la Société de Nancy.*

Dans les *Mémoires de l'Académie de Stanislas,* nous relevons encore les discours suivants de Menoux, qui n'ont pas été imprimés : *Discours sur l'Écriture chinoise.*

Discours sur ce sujet : « Bon usage qu'on doit faire de ses talents. » 13 janvier 1763.

La *Biographie Didot* lui attribue encore le : *Coup d'œil sur l'arrêt du Parlement de Paris concernant l'institut des jésuites* (Avignon, 1761), ainsi qu'un poème latin, *Aucupium,* inséré dans le tome IV des *Poemata didascalica.* Enfin, il paraît avoir collaboré aux ouvrages religieux et moraux de Stanislas (v. J. J. Rousseau, *Confessions,* l. VIII).

Le Père de Menoux fut un des membres fondateurs de l'Académie de Stanislas; il avait vivement engagé le roi à la créer. Parmi les autographes de la Bibliothèque de Nancy, se trouve le Mémoire écrit de sa main et présenté à Stanislas au sujet de cette création (4 novembre 1750).

Ce fut lui qui prononça le sermon à la messe du Saint-Esprit, célébrée à l'église primatiale, lors de la première séance de l'Académie (3 février 1751). Il avait au sein de cette Société une grande influence, et y combattit sans aucun ménagement le comte de Tressan qui y avait fait l'éloge de la philosophie (v. sur cette affaire, d'Haussonville, *Histoire de la réunion de la Lorraine à la France,* t. IV, p. 323 et suiv.).

dont l'intervention devait suffire pour apaiser la tempête. Il avait fait la connaissance de Menoux lors de son séjour en Lorraine (1748-1749). Des relations, amicales en apparence, s'étaient établies, à la cour de Stanislas, entre le jésuite et le philosophe; mais ni d'un côté ni de l'autre il n'y avait de réelle sympathie. Il suffit, pour s'en assurer, de relire ce passage de Voltaire sur de Menoux dans le *Commentaire historique sur les œuvres de l'auteur de la Henriade*[1] (1776) : « Le roi Stanislas tenait alors sa petite et agréable cour à Lunéville. Il avait pour confesseur un jésuite nommé Menoux, le plus intrigant et le plus hardi prêtre que M. de Voltaire ait jamais connu; cet homme avait attrapé du roi Stanislas, par les importunités de sa femme qu'il avait gouvernée, environ un million, dont partie fut employée à bâtir une magnifique maison pour lui et quelques jésuites de la ville de Nancy. Cette maison était dotée de 24,000 livres de

1. *Mélanges littéraires,* t. XLVIII de l'édition de 1784, p. 145.

rentes, dont douze pour la table de Menoux, et douze pour donner à qui il voudrait. »

Mais, pour le moment, il importait à Voltaire de se concilier les bonnes grâces du puissant jésuite, de protester de son fidèle attachement à la Société et de cajoler ces redoutables ennemis, quitte à prendre sa revanche en les traitant, dans ses lettres intimes, « d'ours à soutane noire, gouvernant une ville de Hottentots[1] ». Il écrit donc au Père de Menoux[2] pour se plaindre amèrement des procédés du Père Mérat, qu'il croit envoyé par lui à Colmar. Et cependant, dans ses disgrâces et dans le triste état où la maladie le réduit, de qui devait-il attendre de la consolation, sinon d'un membre de cette Société à laquelle il a toujours été si dévoué, et d'un ami du Père de Menoux ? Rien ne lui a donc été plus sensible que d'apprendre que la conduite du Père Mérat n'a été ni selon la justice ni selon la prudence. Il compte sur

1. Lettre à d'Argental, 3 mars 1754, nº 2,709. Édition Garnier.

2. Lettre du 17 février 1754, nº 2,695. Édition Garnier.

l'esprit de conciliation du Père de Menoux pour prévenir les suites désagréables de cette petite affaire.

« Le Père de Menoux, dit M. Desnoiresterres[1], était trop adroit pour se laisser prendre à ces protestations et ne pas savoir à quoi s'en tenir sur leur sincérité. Ce qu'il y avait de moins douteux dans tout cela, c'est que l'on avait besoin de lui et que l'on appelait son intervention pour tempérer le zèle du Père Mérat, qu'on accusait d'intolérance et de pis encore. Sa réponse est curieuse; elle est aussi spirituelle et mesurée que nous pouvions l'attendre d'un des plus habiles gens de son ordre :

« Je suis flatté, Monsieur, de l'honneur de « votre souvenir ; l'état de votre santé me « touche et m'alarme. Ce que vous me man- « dez du Père Mérat me surprend d'autant « plus que, pendant deux ans que je l'ai vu ici, « il s'est toujours comporté en homme sage « et modéré. Depuis qu'il n'est plus de ma

1. *Voltaire et la Société au dix-huitième siècle*, t. V, *Voltaire aux Délices*, p. 20 (Didier).

*

« communauté, je n'ai aucune autorité sur lui. « Je vais pourtant lui écrire, et je lui communiquerai votre lettre. Peut-être vous a-t-on « fait des rapports peu fidèles, ou peut-être lui « sera-t-il revenu à lui-même quelque chose « qui l'aura indisposé contre vous ; et, de « bonne foi, Monsieur, comment voulez-vous « que des gens dévoués comme nous à la religion, par conviction, par devoir, par zèle, se « taisent toujours quand ils entendent attaquer « sans cesse la chose du monde qu'ils envisagent comme la plus sacrée et la plus salutaire ! Voilà cependant ce que l'on voit surtout dans les écrits répandus sous votre « nom, et récemment dans le prétendu *Précis « de l'Histoire universelle*. Je me suis toujours « étonné qu'un aussi grand homme que vous, « qui a tant d'admirateurs, n'ait pu encore « trouver un ami. Si vous m'aviez cru, vous « vous seriez épargné cette foule de chagrins « qui ont troublé la gloire et la douceur de vos « jours. Je sens quelquefois couler mes larmes « en lisant vos ouvrages ; plus je les admire,

« plus je vous plains. Ah ! si Dieu pouvait « exaucer mes vœux..... Que ne puis-je vous « estimer autant que je vous aime [1] ! ».

« Le poète, ajoute M. Desnoiresterres, devait être aussi peu content de sa démarche que de la réponse de Menoux ; il le fut encore moins quand il apprit que le Père n'avait pu résister à l'envie de montrer leur correspondance. Il en témoigne son dépit dans une lettre à la comtesse de Lutzelbourg, du 26 mars [2], et plus catégoriquement dans celle qu'il écrivait à d'Argental le 16 du mois suivant [3]. « Vous savez que « tout est contradiction dans ce monde. C'en « est une assez grande que celle du Père Me- « noux, qui m'écrit lettre sur lettre pour se « plaindre de la trahison qu'on nous a faite à « tous deux de publier et de falsifier ce que « nous nous étions écrit dans le secret d'un « commerce particulier, qui doit être une chose

1. Lettre datée de Nancy, le 23 février 1754, nº 2,697. Édition Garnier.

2. Nº 2,724. Édition Garnier.

3. Nº 2,730. Édition Garnier.

« sacrée entre honnêtes gens. » Le procédé, en effet, était médiocre, il devait blesser profondément Voltaire; et la façon dont il s'exprimera en toute occasion sur le compte du missionnaire, soit dans sa correspondance intime, soit ailleurs, décèlera un implacable ressentiment contre le confesseur du roi de Pologne... »

« L'auteur de la *Henriade,* toute honte bue, n'eut pas à regretter sa requête au Père Menoux. Ce dernier s'empressa, comme Neptune, d'apaiser les vents déchaînés et de les faire rentrer dans leurs antres. »

Dès le 10 mars, Voltaire écrit à d'Argental: « J'ai fait évanouir entièrement la persécution que le fanatisme allait exciter contre moi jusque dans Colmar [1]. » La lettre du 26, à la comtesse de Lutzelbourg, est plus explicite : « Le Père missionnaire [2] est venu s'excuser chez moi, et

1. N° 2,711. Édition Garnier.

2. C'est le Père Mérat, qui, soit spontanément, soit sur le conseil du P. de Menoux, avait fait imprimer et répandre la réponse de celui-ci en même temps que la lettre de Voltaire (v. la lettre au P. de Menoux que nous publions).

j'ai reçu ses excuses, parce qu'il y a des feux qu'il ne faut pas attiser. Le Père Menoux a désavoué la lettre qui court sous son nom [1], et je me contente de son désaveu. Il faut sacrifier au repos dont on a tant besoin sur la fin de sa vie [2]. »

Toutefois, les lignes que nous venons de citer contiennent une légère inexactitude, puisque, dans la lettre qu'il écrivait le même jour au Père de Menoux, Voltaire lui demandait précisément ce désaveu qu'il prétend avoir reçu. Ce n'était plus, vraisemblablement, à ses yeux, qu'une simple formalité à remplir, et l'incident pouvait être considéré comme clos. Au surplus, voici cette lettre au Père de Menoux, demeurée inédite, à ce que nous croyons :

1. Sans doute la lettre du 23 février 1754, que nous avons donnée.

2. N° 2,724. Édition Garnier.

A Colmar, 26 *mars* 1754.

Mon Révérend Père,

La lettre du 22 mars[1] dont vous m'honorez sert beaucoup à ma consolation. Je vois combien votre probité et votre amitié sont blessées de l'usage indiscret et infidèle qu'on a fait de votre lettre et de la mienne ; non seulement elles sont imprimées, mais elles le sont avec des termes dont vous êtes incapable de vous servir, et qui ne sont compatibles ni avec les bontés que vous avez toujours eues pour moi, ni avec la vérité, ni avec les bienséances, encor moins avec le triste état où je suis ; car il y a cinq mois que je sors peu de mon lit. Je supporte mes maux avec quelque courage. L'étude les adoucit ; mais ils seraient intolérables, si j'étais assez malheureux pour qu'une lettre outrageante de vous à moi fût publique, sans que vous eussiez la bonté de corriger par des marques de votre politesse et de votre amitié les effets de cette lettre falsifiée et

1. Cette lettre nous manque.

empoisonnée. Le Père Mérat a senti toute l'irrégularité de ce procédé. Il est venu s'en excuser chez moi avant-hier. Je lui ai épargné la peine de se justifier; j'ai écarté tout ce qui pouvait avoir l'air du moindre reproche, et il doit être content de la manière dont je l'ai reçu. Il ne me reste qu'à vous supplier très instamment de m'écrire seulement un mot qui désavoue la lettre qu'on vous impute, et qui, sans rien reprocher à personne, certifie seulement que cette lettre, telle qu'elle est publiée, n'est point celle dont vous m'aviez honoré. La vérité et l'amitié trouveront également leur avantage dans cette démarche que j'attends de votre caractère sage et bienfaisant. Je montrerai ces mots au commandant et aux magistrats de la ville où je suis, qui viennent quelquefois me consoler dans ma longue maladie; et cette marque précieuse de votre bonté sera seule capable de dissiper le chagrin que m'a causé l'abus public de vos bontés mêmes.

Le Père Mérat ne m'a point donné votre discours[1], que j'attends comme une nouvelle preuve

1. C'est, selon toute vraisemblance, le « discours prononcé le 20 octobre 1753, à la séance publique de la Société royale de Nancy, par le R. P. de Menoux, de la Compagnie de Jésus, supérieur du séminaire des Missions, prédicateur ordinaire du roi, censeur royal, l'un des membres de la Société littéraire de Nancy, de l'Académie de Rome et de la Rochelle ». (*Mémoires de la Société royale des Sciences et Belles-Lettres*

de vos attentions obligeantes, et comme un nouveau motif de mon attachement et de mon estime; il m'a dit qu'il l'attendait de Strasbourg.

Permettez-moi de vous donner ici des éclaircissements sur les deux anecdotes dont vous parlez. Feu M. le marquis de Fénelon me récita les vers en question[1] du célèbre archevêque de Cambray, dans sa chambre, à la Haye, en 1743, après la bataille de Dettingen. L'abbé de la Ville y était présent, et il servirait de témoin s'il voulait avoir de la mémoire. Le marquis de Fénelon d'aujourd'hui était alors mousquetaire et prisonnier de guerre. Son père avait retenu ces vers de mémoire. Je les écrivis sur mes tablettes que j'ai encore et je

de Nancy t. III, p. 299. Nancy, chez Pierre Antoine. 1755.) Le titre est : « Discours sur l'histoire civile, ecclésiastique, littéraire et naturelle de la Lorraine et du Barrois .» Nous en détachons les passages suivants relatifs aux ouvrages historiques de Voltaire :

« Pourquoi, de nos jours, voyons-nous si peu d'histoires générales? Et « pourquoi, au contraire, la république des lettres est-elle comme inondée « de tant d'histoires particulières et de petits romans? C'est que le goût « du travail n'est pas dominant parmi nous ; on trouve bien des facilités « pour composer une histoire comme celle de Charles XII, quand on a « le génie de M. de Voltaire, mais, eût-on le génie de Bossuet, on ne pourra « jamais, sans beaucoup de travail, enfanter un ouvrage tel que le dis- « cours de ce grand homme sur l'Histoire universelle. » (*Mémoires de la Société de Nancy*, p. 307.)

« On trouve des taches dans le *Siècle* admirable de *Louis le Grand*, « et si l'auteur a eu à essuyer d'assez mauvaises critiques sur certains « points, sur bien d'autres il a encore besoin d'apologie. » (*Ibid.*, p. 333.)

1. Cette anecdocte est rapportée dans le *Siècle de Louis XIV*, chapitre XXXVIII, *Du Quiétisme*.

(L'archevêque de Cambrai) espéra qu'il reviendrait à la cour et qu'il

les fis transcrire dans un recueil qui est tout de la même main. Feu le marquis de Fénelon me dit que ces vers étaient une parodie d'un air de Lully. J'ignore encore l'air, mais les paroles méritent d'être retenues. Le neveu de l'auteur les regardait seulement comme le témoignage d'un homme détrompé des vaines disputes, convaincu de l'ignorance des savants, et mettant toute sa confiance dans l'Être suprême.

Pour vous donner un éclaircissement plus ample et plus important, voici les derniers mots d'une lettre que m'écrivit M. de Ramsay, le disciple de l'archevêque de Cambray, et le dépositaire de toutes ses pensées : *You may say boldly that if he had*

y serait consulté, tant l'esprit humain a de peine à se détacher des affaires, quand une fois elles ont servi d'aliment à son inquiétude. Ses désirs cependant étaient modérés comme ses écrits; et même, sur la fin de sa vie, il méprisa enfin toutes les disputes; semblable en cela seul à l'évêque d'Avranches, Huet, l'un des plus savants hommes de l'Europe, qui, sur la fin de ses jours, reconnut la vanité de la plupart des sciences, et celle de l'esprit humain. L'archevêque de Cambrai (qui le croirait!) parodia ainsi un air de Lulli :

Jeune, j'étais trop sage,
Et voulais trop savoir :
Je ne veux en partage
Que badinage,
Et touche au dernier âge,
Sans rien prévoir.

Il fit ces vers en présence de son neveu, le marquis de Fénelon, depuis ambassadeur à la Haye. C'est de lui que je les tiens. Je garantis la certitude de ce fait.

liv'd in a free country, he would have been the hero of philosophy and the Plato of his age[1]. Faites-vous expliquer ce passage par le Révérend Père Leslie[2], à qui je présente ici mes respects.

A l'égard de la défense de *Mylord Bolingbroke*, elle est l'ouvrage d'un souverain et de deux autres personnes ; mais,

> Dat veniam corvis, vexat censura columbas[4].

Je compte avoir l'honneur de vous envoyer incessamment les *Annales de l'Empire*, et vous supplier de leur donner place dans votre bibliothèque. Je n'ai fait cet ouvrage que par pure complaisance pour Madame la duchesse de Saxe-Gotha, qui m'honore de sa bonté et de sa confiance. Je peux assurer que ces *Annales* sont exactes et vraies;

1. Vous pouvez dire hardiment que s'il avait vécu dans un pays libre, il serait la gloire de la philosophie et le Platon de son siècle.

2. Le P. Leslie, né en Écosse en 1713, mort à Nancy en 1779, supérieur du séminaire de Nancy, membre honoraire de l'Académie de Stanislas dès sa fondation. Il avait connu Voltaire à la cour de Lunéville. Il a publié, sous le nom d'Eugène de Ligniville, son élève, l'histoire généalogique de la maison de Lorraine. On trouve aussi, dans les *Mémoires de l'Académie de Stanislas*, des discours et des vers du P. Leslie.

3. *Mémoires secrets de Mylord Bolingbroke sur les affaires d'Angleterre depuis 1710 jusqu'en 1716*, traduits de l'anglais avec des notes historiques et précédés d'un discours préliminaire, par M. F.... (Favier de Toulouse). V. Fréron, *Année littéraire*, t. V, 1754, p. 125. Grimm. *Correspondance littéraire*, 1er mars 1754.

4. Juvénal, sat. 2, v. 63.

mais je ne peux répondre qu'elles plaisent[1]. Ne soyez point surpris de mes travaux. Quand on n'a qu'une passion, elle nous mène toujours loin. Le travail, d'ailleurs, est la vraie consolation de la vie.

Je m'intéresse tendrement à votre santé, non seulement à cause du :

Non ignara mali, miseris succurrere disco[2],

mais par l'attachement véritable que j'ai pour votre personne, par l'utilité dont vous êtes, par mon estime, et par l'amitié respectueuse avec laquelle je serai toujours,

Mon Révérend Père,

Votre très humble et très obéissant serviteur,

VOLTAIRE.

1. Le tome Ier des *Annales de l'Empire* fut publié à la fin de l'année 1753. Voici ce qu'en dit Voltaire dans une lettre à d'Argental. Colmar. 24 novembre 1753, no 2668, édition Garnier.

« Ne vous attendez pas, mon cher ange, que l'histoire très abrégée de l'Empire vous amuse comme le *Siècle de Louis XIV;* c'est un champ mille fois plus vaste, mais plein de bruyères et de ronces. Les âmes sensibles et faites pour les choses de goût, frémissent au nom d'Albert l'Ours et de Wittelsbach ; mais, dans l'oisiveté de mon séjour à Gotha, Mme la duchesse de Saxe avait exigé de moi ce travail, que j'entrepris avec ardeur... Mme la duchesse de Saxe-Gotha se plaignait avec tant de grâce de ne pouvoir lire aucune histoire de son pays, qu'elle me fit entrer malgré moi dans une carrière qui m'était étrangère. L'affaire est faite ; c'est un temps de ma vie perdu. »

2. Virgile, *Énéide,* I, v. 630.

[1] Vous me ferez sans doute, mon Révérend Père, une très grande faveur de me mettre aux pieds de S. M. le Roy de Pologne et de luy présenter mes profonds respects, ainsi que ma juste admiration pour tous les bienfaits éclairez dont il comble le pays. Mais probablement l'état de ma santé ne me permettra pas de passer à Nancy. Le Père Mérat m'apporte dans ce moment votre discours.

1. Les dernières lignes semblent seules écrites de la main de Voltaire ; nous en respectons l'orthographe.

La seconde lettre nous transporte à la fin de l'année suivante (1755). Voltaire a jugé prudent de quitter l'Alsace et de chercher en Suisse une habitation définitive. Après avoir séjourné à Lyon (15 novembre-21 décembre 1754), puis au château de Prangins, près de Nyon, dans le pays de Vaud, il a loué à son banquier, Giez, sa maison de Monrion ou Mont-Riond, située entre Lausanne et le lac Léman. Bientôt il achète une maison bâtie sur un plateau qui s'élève entre la route de Genève à Lyon et la rive droite du Rhône. Il l'appelle les *Délices,* et ce sera sa résidence d'été. L'hiver, il le passera « dans son petit ermitage de Monrion, à l'abri des cruels vents du Nord[1] ». C'est de là qu'il écrit aux frères Cramer, imprimeurs genevois, qui préparent une nouvelle édition de ses œuvres et travaillent à la publication de son *Essai sur*

1. Lettre à d'Argental du 10 décembre 1755, n° 3,079 (édition Garnier).

l'Histoire universelle. Il compose en même temps divers articles pour l'*Encyclopédie,* à laquelle il prend un vif intérêt[1]. La lettre que nous donnons vient s'ajouter à beaucoup d'autres pour prouver la féconde activité de Voltaire pendant cette période.

1. V. lettre à d'Alembert du 9 décembre 1755, nº 3,077 (édition Garnier), et lettre au même, du 28 décembre 1755, nº 3,091.

A Monriond, près de Lausanne, 26 décembre 1755.

MESSIEURS CRAMER, Genève,

On vient de me dire que tous les exemplaires du sermon de M. Bertrand[1] ont été enlevés en un moment à Lausanne. Il n'en sera pas de même du gros bagage et du fatras de dix à douze volumes[2]. On donne plus aisément trois baches[3] qu'un louis d'or. Les vingt-cinq articles que MM. de l'*Encyclopédie* m'ont donné à faire[4], demandent malheureusement un peu de temps, j'aimerais mieux travailler à de petits chapitres. Ce nouveau travail retarde un peu votre édition ; il n'y a pas grand mal ; il

1. Élie Bertrand, né en 1712 à Orbe, canton de Vaud, pasteur de l'église française à Berne, a laissé des sermons et plusieurs ouvrages. Le sermon dont il est ici question, avait été inspiré par la catastrophe de Lisbonne. V. lettre du 16 décembre 1755, nº 3,087 (Garnier), aux frères Cramer, qui avaient été chargés par Voltaire de l'imprimer. La lettre du 10 février 1756 à M. Bertrand, nº 3,116, semble indiquer une nouvelle édition de ce sermon faite à Rouen.

2. L'édition nouvelle de ses œuvres.

3. Corruption du mot allemand : *Batzen*, *Batz*, pièce de monnaie valant environ trois sous.

4. Les articles de l'*Encyclopédie* auxquels Voltaire travaillait alors sont les suivants : *Facile* (style), *Fausseté* (morale), *Faiblesse*, *Faveur*, *Feu*, *Finesse*, *Figuré*, *Force*, *Formaliste*, *Franchise*, *Français*, *Fleuri*, *Fornication*, *Histoire*.

ne faut pas surcharger continuellement le public de soi-même et se présenter toujours sur le théâtre. On doit se cacher quelque temps pour être un peu mieux reçu. Je fais mille tendres compliments à toute la famille, et je supplie MM. Cramer de vouloir bien remercier pour moi M. Galatin-Pictet[1] de ses bontés.

Je n'oublierai rien pour finir l'édition des *Œuvres* et celle de l'*Histoire.*

V.

Que disent les dames du mot concupiscence?

1. La famille Gallatin (et non Galatin) est fort connue à Genève. Un de ses membres, J. L. Gallatin, mort en 1783, fut, comme médecin, l'un des disciples les plus distingués de Tronchin. (Note de M. L. Moland, édition Garnier).

Telle est la modeste contribution que nous apportons au trésor déjà si riche de la Correspondance de Voltaire. Nous espérons que ces deux lettres trouveront leur place dans le volume de suppléments que prépare M. Louis Moland, le savant éditeur des *Œuvres complètes* du grand écrivain.

A. COLLIGNON,

PROFESSEUR AU LYCÉE DE NANCY.

La Bibliothèque de Nancy possède aussi l'original de la lettre écrite de Ferney à la comtesse de Lutzelbourg, le 11 octobre 1761, n° 4707, édition Garnier.

Nancy, imp. Berger-Levrault et Cie.

NANCY, IMPRIMERIE BERGER-LEVRAULT ET

www.ingramcontent.com/pod-product-compliance
Ingram Content Group UK Ltd.
Pitfield, Milton Keynes, MK11 3LW, UK
UKHW020227180726
13838UKWH00005B/2242